30 Novembre 1906

Marqué P

VENTE

du Vendredi 30 Novembre 1906

Hôtel Drouot, Salle n° 10.

DESSINS ANCIENS

de toutes les Ecoles

Principalement de l'Eccle Française

DU XVIIIe SIÈCLE

AQUARELLES, GOUACHES

Pastels

MINIATURES

1906

Commissaire-priseur :

Me MAURICE DELESTRE

Expert :

M. PAUL ROBLIN

CATALOGUE

DE

DESSINS ANCIENS

de toutes les Ecoles

PRINCIPALEMENT DE L'ÉCOLE FRANÇAISE
du XVIIIe siècle.

Par ou d'après BAUDOUIN, BOQUET, BOUCHER, CALLOT
CHALLE. COSWAY, DANLOUX. DESFRICHES,
DESRAIS, EISEN, FRAGONARD,
GILLOT, GRAVELOT, GREUZE, GUARDI, HESSE,
HOUBRAKEN, HUET, JAQUOTOT, LAGNEAU,
LANCRET, OPPENORD, OUDRY,
PARROCEL, HUBERT ROBERT, TARAVAL,
J. et C. VERNET, VINCENT, ANT et L. WATTEAU,
WILLE, ZAUS, etc., etc.

AQUARELLES, GOUACHES, PASTELS
MINIATURES

AUGUSTIN, COSWAY, HOIN, SICARDI, etc.

DONT LA VENTE AUX ENCHÈRES PUBLIQUES AURA LIEU

Hôtel des Commissaires-priseurs, Rue Drouot, N° 9.
Salle n° 10.

Le Vendredi 30 Novembre 1906, à 2 heures.

Commissaire-priseur :	Expert :
Mᵉ MAURICE DELESTRE	M. PAUL ROBLIN
5, Rue Saint-Georges, 5.	*65, Rue Saint-Lazare, 65.*

EXPOSITION PUBLIQUE

Le Jeudi 29 Novembre 1906, de 2 heures à 6 heures.

CONDITIONS DE LA VENTE

Elle sera faite au comptant.

Les Adjudicataires paieront *dix pour cent* en sus des enchères.

L'Exposition mettant le public à même de se rendre compte de l'état et de la nature des dessins, aucune réclamation ne sera admise une fois l'adjudication prononcée.

DESSINS ANCIENS.

Gouaches, Aquarelles, Miniatures

BAUDOUIN (P. A.)

1. **Le Coucher de la Mariée.**

Variante de la pièce connue.
Belle esquisse à la pierre noire.

(H. 0,39. L. 0,32).

BÉRICOURT

2. **Repas champêtre.**

Aquarelle.

(H. 0,17. L. 0,29).

BOQUET (L.)

3. **Costume de Chinoise.**

Aquarelle.

(H. 0,38. L. 0,24).

BOUCHARDON (Edme)

4. **Portrait de pape.**

Sanguine.

(H. 0,35. L. 0,23).

BOUCHER (Fr.)

5. **Tête de jeune fille.**

De face, la tête dirigée vers la droite, robe décolletée et les cheveux réunis sur la tête par un ruban bleu.

Aux crayons de couleurs.

(H. 0,25. L. 0,20).

BOUCHER (Fr.)

6. **Feuille d'étude : Orientaux, Sphinx et buste de femme.**

Pierre noire et estompe rehaussé de blanc sur papier bleu.

(H. 0,44. L. 0,34).

BOUCHER (Fr.)

7. **Paysage d'après nature.**

De grands arbres entourent une pièce d'eau. Au premier plan, un batelier pousse sa barque ; à droite une masure.

Composition rappelant les vues de Fronville

Crayon noir et estompe.

Cadre ancien en bois sculpté et doré.

(H. 0,33. L. 0,47).

BOUCHER (attribué à Fr.)

8. **Académie de femme.**

Couchée sur une draperie et le corps entièrement

nu, elle a les deux bras relevés. Etude pour Sylvie délivrée par Aminte.

A la pierre noire, rehaussé de blanc sur papier gris.

Cadre ancien en bois doré et sculpté de l'époque Louis XVI.

(H. 0.27. L. 0.41).

BOUCHER (attribué à Fr.)

9. **Le Moulin.**

Sanguine.

(H. 0.20. L. 0.31).

BOUCHER (genre de Fr.)

10. **Paysanne portant son enfant.**

Sépia.

(H. 0.39. L. 0.31).

BOUCHER (Ecole de Fr.)

11. **Amour entouré d'une draperie.**

Sanguine.

(H. 0.47. L. 0.35).

BUDELOT (Philippe)

12. **Pêcheur à l'épervier.**

Aquarelle.

(H. 0.15 1/2. L. 0.21).

CALLOT (attribué à Jacques)

13. **Scène de massacre. — Arrestation d'un charriot.**

Deux dessins.

Plume.

(H. 0 08. L. 0.18).

CHABOD (E.)

14. **Frontispice pour Sous bois, de Theuriet.**

Aquarelle signée.

(H. 0,21. L. 0,13).

CHALLE (M.)

15. **Environs de Tivoli.**

Pierre noire, rehaussé de blanc sur papier gris. Signé.

(H. 0,40. L. 0,53).

CHARLET (T.)

16. **Un Bookmaker.**

Aquarelle signée.

(H. 0,22. L. 0 16).

CLERMONT

17. **Bacchante.**

Crayon noir rehaussé de blanc.

(H. 0.18. L. 0.29).

CORRÈGE (attribué au)

18. **Etude de femme.**

Pierre noire.

(H. 0.31 L. 0.22).

COSWAY (R.)

19. **Portrait de femme. De face, légèrement tournée vers la droite, assise et robe décolletée.**

Crayon noir et sanguine.

Cadre ancien en bois sculpté et doré.

Des collections La Béraudière, Lacroix et Rodrigue.

(H. 0.14. L. 0.11).

DANLOUX

20. **Portraits de femmes de profil. Deux pendants.**

Pierre noire, rehaussé de blanc.

(H. 0.15. L. 0.12).

DENON (Dom. Vivant)

21. **Groupe de sept personnages.**

Plume et lavis.

(H. 0.11. L. 0.14).

DESFRICHES

22. **Paysage avec chasseur, pont rustique et moulin à vent.**

Crayon noir, signé et daté 1766.

(H. 0.12. L. 0.14 1/2).

DESRAIS (C. L.)

23. **La Montre enlevée.**

Beau dessin à la plume rehaussé d'aquarelle.

(H. 0.19. L. 0 15).

DESRAIS (C. L.)

24. **L'Eglise Saint-Sulpice à Paris.**

Plume et lavis de sépia.

(H. 0.11. L. 0.09 1/2).

DESRAIS (C. L.)

25. **Audience donnée par le Roy Louis XVI.**

Deux compositions dans le même cadre.
Plume et lavis.

DESRAIS (C. L.)

26. **Blanchisseuse.**

Plume et lavis de sépia.

(H. 0.26 1/2. L. 0. 14).

DESRAIS (C. L.)

27. **Tambour, de profil, portant sa caisse. — Tambour de face, battant sa caisse.**

Deux pendants.
Plume et lavis de sépia.

(H. 0.28. L. 0.19).

DUCHÉ DE VAUCHY

28. **Invocation à l'Amour.**

Sanguine ovale, signée et datée : *Duché de V. 1782.*

(H. 0.19. L. 0.15).

DUPUIS (C.), Architecte

29. **Fédération des départements du Haut et Bas-Rhin, et partie des départemens voisins, exécutée près de Strasbourg, sur la plaine dite des Bouchers.**

L'Estampe retrace le moment où les drapeaux de tous les détachements vont se réunir pour la bénédiction à l'Autel de la Patrie, le 13 juin 1790.

Plume et lavis d'encre de Chine. Signé.

(H. 0,31. L. 0 46).

DUPUIS (C.), Architecte

30. **Vue du Champ de Mars le 14 Juillet 1790. Entrée de l'Assemblée nationale et des députés à la Confédération générale, exécutée à Paris.**

Plume et lavis d'encre de Chine. Signé.

(H. 0. 30. L 0 45).

DÜRER (attribué à Albrecht)

31. **Etude de femme en pied.**

Plume et sanguine.

(H. 0 13 1/2. L. 0. 05 1/2).

DYCK (d'après Van)

32. **Portrait d'homme.**

Plume et lavis d'encre de Chine.

Cadre ancien en bois sculpté et doré de l'époque Louis XIII.

(H 0.14. L. 0 09).

ÉCOLE FLORENTINE XVIe SIÈCLE

33. **Patriarche retenant dans ses bras une sainte femme.**

Belle étude à la pierre noire sur papier rose attribuée à Daniel de Volterre.

Collection Flury-Hérard (n° 438).

(H. 0,25. L. 0,18).

ÉCOLE FRANÇAISE XVIIe SIÈCLE

34. **Jésus guérissant un aveugle.**

Gouache.

Cadre en bois naturel sculpté.

(H. 0,14. L. 0,17 1/2).

ÉCOLE FRANÇAISE XVIIIe SIÈCLE

35. **Concert dans un parc.**

Belle aquarelle dans un cadre ancien en bois doré et sculpté.

(H. 0,28. L. 0, 35).

ÉCOLE FRANÇAISE XVIIIe SIÈCLE

36. **Portrait d'homme en habit Louis XVI avec tricorne sous le bras.**

Pastel.

(H. 0,74. L. 0,61).

ÉCOLE FRANÇAISE XVIIIe SIÈCLE

37. **Projet de Fontaine.**

145

Des Tritons et des Naïades supportent une coquille recevant l'eau jaillissant d'un mascaron.

Plume et lavis de sépia.

(H. 0,23. L. 0,17).

ÉCOLE FRANÇAISE XVIIIe SIÈCLE

38. **Projet de légumier.**

Lavis de sépia.

(H. 0,25. L. 0,32).

ÉCOLE FRANÇAISE XVIIIe SIÈCLE

39. **Portraits de Grachus Babeuf. — Bertrand, maire de Lyon. — Le Duc de Gesvres. Trois petits portraits dans le même cadre.**

Mine de plomb.

ÉCOLE FRANÇAISE XVIIIe SIÈCLE

40. **Les Bacchantes.**

Importante composition à la plume et au lavis d'encre de Chine, rehaussée de blanc sur papier bleu.

(H. 0,28. L. 0,56).

ECOLE FRANÇAISE XVIIIe SIÈCLE

41. **Fillette tenant une poupée.**

Crayon noir.

(H. 0 15. L. 0,11).

ÉCOLE FRANÇAISE XVIIIe SIÈCLE

42. **Paysages. Deux pendants.**

Gouaches.

(H. 0,29. L. 0,37).

ÉCOLE FRANÇAISE XVIIIe SIÈCLE

43. **Etude de Mains.**

Sanguine.

Cadre ancien en bois sculpté et doré de l'époque Louis XVI.

(H. 0,09. L. 0. 11).

ÉCOLE FRANÇAISE XVIIIe SIÈCLE

44. **Chasseur, Homme d'arme, Valet. Trois dessins.**

Pierre noire et sanguine.

ÉCOLE FRANÇAISE

45. **Les Colombes.**

Charmante aquarelle.

(H. 0,22. L. 0,17 1/2).

ÉCOLE ITALIENNE

46. **Femme nue debout, et Amour.**

Plume et lavis de sépia.

(H. 0,22. L. 0,12).

EISEN (Charles)

47. **Ecclésiastiques prosternés devant une Vierge tenant l'enfant Jésus.**

Plume et lavis, mis au carreau.

(H. 0,15 1/2. L. 0,12 1/2).

FESQUESON

48. **Paysages animés de figures et d'animaux. Deux pendants.**

Sépia rehaussé de gouache, un est signé et daté 1781.

(H. 0,14 1/2. L. 0,19).

FRAGONARD (Honoré)

49. **Allée sous bois.**

Sanguine.

(H. 0,51. L. 0,37).

FRAGONARD (Honoré)

50. **Paysage d'Italie avec pont et temple.**

Vigoureux dessin très largement traité, au lavis de pinceau.

(H. 0,41. L. 0, 35).

FRAGONARD (d'après H.)

51. **Costume d'homme en pied.**

Crayon noir.

(H. 0,32. L. 0,18).

FRAGONARD (genre de H.)

52. **Etude de femme en pied, la tête entourée d'un voile.**

Sanguine.

(H. 0,30. L. 0,18).

GAILLARD (Ferdinand)

53. **La Vieille Milanaise.**

Plume, cachet de l'Artiste et daté : *Milan, 18 novembre 1856.*

(H. 0,23. L. 0,17).

GAVARNI (attribué à)

54. **Lorette au Jardin Mabille.**

Crayon noir rehaussé de pastel.

(H. 0,32. L. 0,25).

GÉRICAULT (attribué à Th.)

55. **Percheron gris pommelé à l'attache.**

Plume et aquarelle.

(H. 0,17. L. 0, 21).

GILLOT (Claude)

56. **Allégorie pour un Mariage.**

Plume et lavis de sépia.

(H. 0,50. L. 0,39).

GRANET

57. **Entrée d'une Crypte.**

Sépia. Signée.

(H. 0,09. L. 0,06).

GRAVELOT (attribué à Hubert)

58. **Le Prévôt des Marchands à cheval se rendant à une cérémonie.**

Mine de plomb.

(H. 0,15. L. 0,22).

GREUZE (J.-B.)

59. **Jeune femme assise donnant à boire à un chat.**

Charmante esquisse au lavis de sépia.

(H. 0,13. L. 0,11 1/2).

GRÜN (S. M.)

60. **Paysage avec chaumière et pêcheurs.**

Plume et lavis d'encre de Chine. Signé : *S. M. Grün fecit 1766*.

(H. 0,11. L. 0,15).

GUARDI

61. **Ruines et personnages.**

Plume et lavis de sépia.

(H. 0,27. L. 0,24)

GUIARD (Mme, née A. Labille)

62. **Tête de femme, coiffée d'un bonnet.**

Crayon noir.

(H. 0,22. L. 0,20).

GUIDO RENI

63. **Tête de jeune homme, profil à gauche.**

Crayon noir rehaussé de blanc sur papier gris bleuté.

(H. 0.17. L. 0.16).

HACKERT (Philippe).

64. **Paysage accidenté, animé de figures et d'animaux.**

Gouache. Signée Bracciano ; P. L. Hackert, f. 1781.

(H. 0,40. L. 0,53).

HALM

65. **Portrait d'homme.**

Beau dessin au crayon noir, rehaussé de couleur. Signé : Halm. Del. 1774.

(H. 0,24. L. 0,18).

HESSE (H.-J.) Elève d'Isabey

66. **Portrait d'homme jeune, à mi-corps.**

Beau dessin à la sépia. Signé et daté 1813.

(H. 0.18. L. 0,15).

HOUBRAKEN

67. **Portrait d'homme au visage souriant. Il est vêtu d'une toge et d'une large collerette, et porte perruque à frisures.**

Beau dessin ovale au crayon noir dans un encadrement à la sépia avec attributs de fleurs et de fruits que nous attribuons à P. P. Choffard ou à H. Gravelot.

(H. 0.29. L. 0.19 1/2).

HUET (J.-B.)

68. **Paysages avec ruines et animés de figures.**

Deux pendants.
Belles aquarelles. Signées.

(H. 0.21. L. 0.15 1/2).

HUET (J.-B.)

69. **Etude d'animaux.**

Sanguine.

(H. 0.31. L. 0.22).

INGRES

70. **Personnage debout portant épée au côté.**
Tête de femme.
Seigneur revêtu des insignes de la Toison d'or.

Trois feuillets d'études à la mine de plomb dans le même cadre.

INGRES

71. **Tête de Christ.**

Au trait de crayon noir sur papier huilé.

(H. 0,34. L. 0,24).

JAQUOTOT (Mme M. V.)

72. **Portrait de Lady Humboldt.**

Mine de plomb. Signé des initiales.

(H. 0,13 1/2. L. 0,10).

JUNG (Th.)

73. **Chasseur par un temps de neige.**

Aquarelle signée.

(H. 0,13. L. 0,23).

LAGNEAU

74. **Portrait d'homme âgé.**

Représenté de profil, la figure de trois quarts dirigée vers la droite. La tête coiffée d'un large bonnet de fourrures.

Très beau dessin aux crayons de couleur.

(H. 0,34. L. 0,26).

LAGNEAU

75. **Paysanne tenant une corbeille de fruits.**

Crayons de couleurs.

(H. 0,36. L. 0,25).

LANCRET (Nic.)

76. **Groupe de deux personnages assis.**

Sanguine.

(H. 0,14. L. 0,14).

LANCRET (Nic.)

77. **Groupes de personnages. Deux dessins.**

Esquisses à la sanguine.

(H. 0,06 1/2. L. 0,08).

LANCRET (Nic.)

78. **Homme couché, études de mains et de jambes.**

Pierre noire.

(H. 0.16 1/2. L. 0 22 1/2).

LANCRET (d'après Nic.)

79. **Les Plaisirs de l'été.**

Gracieuse composition à cinq personnages. Sanguine.

(H. 0.21. L. 0,15 1/2).

LANTARA

80. **Paysage animé de figures.**

Crayon noir rehaussé de gouache sur papier bleu préparé.

(H. 0,14. L. 0,25).

LAUNAY (Nic. de)

81. **Portrait présumé de Madame Jombert, femme du Libraire, vers 1775.**

Mine de plomb, légèrement rehaussé de sanguine.
Signé : *Delaunay fecit.*
Cadre en bois sculpté et doré de style Louis XVI.
(Diam. 0,11 1/2).

LE BRUN (Charles)

82. **Fragment des Batailles d'Alexandre.**

Groupe de cinq personnages formé d'un joueur de flûte, de trois femmes drapées et d'un enfant.
Lavis d'encre de Chine.
(H. 0,35. L. 0,29).

LEFEBVRE (Ch.)

83. **La Modestie sous les traits d'une jeune fille les yeux baissés.**

Sanguine, signée et datée 1856.
(H. 0,31. L. 0,23).

MARILLIER (C. P.)

84. **Deux génies ailés enflamment des torches sur l'autel de l'amour.**

Cul-de-lampe. Plume et lavis d'encre de chine.
(H. 0,11. L. 0,09 1/2).

MINIATURES

85. **Portrait d'homme. Epoque de la Renaissance.**

Peinture sur cuivre dans un écrin en galuchat.
(H. 0,070. L 0,055).

MINIATURES

86. **Portrait d'un Maréchal de Camp. Epoque Louis XIV.**

Petite peinture ovale, dans un écrin de maroquin rouge, doré aux petits fers.

(H. 0,060. L. 0,047).

87. **Portrait d'homme en habit gris et perruque. Epoque Louis XV.**

Miniature ovale.

(H. 0,035. L. 0,027).

88. **L'Ecole de petites filles. Epoque Louis XVI.**

Miniature ronde sur une boîte en ivoire doublée d'écaille.

(Diam. 0,055).

89. **Portrait d'homme en habit noir et jabot de dentelles. Epoque Louis XVI.**

Miniature ronde.

(Diam. 0,065).

90. **Portrait de femme, la poitrine découverte, avec un ruban bleu dans les cheveux. Epoque Louis XVI.**

Très fine miniature ronde.

(Diam. 0,065).

91. **Portrait d'homme jeune, habit lilas avec revers, cravate blanche et coiffure à rouleaux.**

Miniature ovale, signée : *Ch. Hoin, 1779*, dans un écrin en maroq. noir.

(H. 0.042. L. 0.035).

92. **Portrait d'homme en habit gris, cravate blanche et chevelure bouclée. Epoque de Georges 3.**

Jolie miniature ovale sur ivoire attribuée à R. Cosway.

(H. 0.057. L. 0.048).

93. **Portrait d'homme en habit violet et jabot de dentelles. Epoque Louis XVI.**

Très fine miniature ronde. Signée : *Augustin 1790*.

(Diam. 0.068 m.).

94. **Portrait de femme jeune, de face. La poitrine découverte et un ruban bleu dans sa haute coiffure. Epoque Louis XVI.**

Miniature ovale, montée en broche.

(H. 0 045. L. 0.035).

95. **Portrait d'officier en habit blanc. Epoque Louis XVI.**

Miniature ovale, montée en broche.

MINIATURES

96. **Portrait de femme jeune, les épaules couvertes d'un voile bleu transparent, avec des fleurs rouges dans la coiffure. Epoque du 1er Empire.**

Miniature ronde signée *Sicardi pinx., 1807*, sur boîte écaille.

(Diam. 0,065).

(H. 0 035. L. 0,030)

97. **Portrait du Dauphin Louis XVII.**

Peinture ovale sur émail, dans un écrin de maroquin rouge, doré aux petits fers.

(H. 0,045. L. 0 035).

98. **Portrait d'homme en habit noir avec revers rouge, et coiffé d'un chapeau. Epoque de la Révolution.**

Miniature ronde signée des initiales C H.

(Diam. 0,070).

99. **Portrait de Joseph Aude, auteur de Cadet Roussel. Epoque de la Révolution.**

Miniature ronde.

(Diam. 0 053).

100. **Portrait d'homme en habit bleu. Epoque de la Révolution.**

Miniature ronde, signée Desfossés An 9.

(Diam. 0,060).

MINIATURES

101. **Portrait du Pape Pie VII tenant le Saint-Sacrement.**

Miniature ronde, signée : Bargellini.
Cadre en bronze doré.

(Diam 0 070).

102. **L'Hiver.**

Très fine miniature, signée : *Fiocchi d'après Prudhon.*

(H. 0,09 1/2. L. 0,08).

103. **Portrait d'un lieutenant-général. Epoque de la Restauration.**

Miniature ovale.

(H. 0.045. L. 0,035).

MONNIER (Henry)

104. **Portrait de Jules Mathieu, financier.**

Mine de plomb, signé et daté *21 Mai 1849.*

(H. 0.18. L. 0,11).

MOREAU (genre de Louis)

105. **Paysages, animés de figures.**

Deux gouaches faisant pendants.

(H. 0,24. L. 0,32).

NATOIRE

106. **Femme drapée et étude de main.**

Crayon noir rehaussé de blanc sur papier bleu.

(H. 0,38. L. 0,27).

NICOLLE (V.-J.)

107. **Barques accostant.**

Aquarelle.

(H. 0,16. L. 0,26).

NICOLLE (V.-J.)

108. **Paysage d'Italie.**

Aquarelle.

(H. 0,15 1/2. L. 0,23).

NILSON

109. **Le Colin-Maillard.**

Plume et lavis rehaussé de sanguine.

(H. 0,09 L. 0,12 1/2).

OPPENORD

110. **Deux Torchères dont une aux armes de France.**

Plume et lavis.

(H. 0,39. L. 0,14).

ORNEMENTS

111. **Suite de vases. Titre dédié à Monsieur Dutillot, et douze pièces.**

Jolie suite dessinée à la sanguine.

OUDRY (J.-B.)

112. **Mulets espagnols.**

Sanguine.

(H. 0,28. L. 0,36).

OUDRY (J.-B.)

113. **Chien et Canard.**

Plume et lavis.

(H. 0.18. L. 0.27).

PARIZEAU

114. **Vénus et l'Amour offrant des couronnes à une reine.**

Beau dessin à la plume et au lavis de sépia.

(H. 0,31. L. 0.23 1[2).

PARROCEL (Joseph).

115. **Choc de cavaliers.**

Vigoureux dessin à la pierre noire rehaussé de blanc sur papier gris.

(H. 23. L. 0,26).

PARROCEL (Joseph)

116. **Feuille d'étude pour l'enlèvement d'Europe.**

Sanguine.

(H. 0,25. L. 0,36).

PARROCEL (Joseph)

117. **Cheval présenté à des militaires.**

Sépia. Signé des initiales J. P.

(H. 0,14. L. 0,18).

PARROCEL (Joseph)

118. **Troupe montant à l'assaut.**

Plume et lavis.

(H. 0,11 1/2. L. 0,16).

PILLEMENT (attribué à J.)

119. **Paysage avec château, animé de figures.**

Crayon noir.

(Diam. 0,16 1/2).

PONTORMO (Jacob de)

120. **Femme à genoux, tenant un voile.**

Aquarelle et camaïeu.
Signé : *Jacobus de Pontormo fecit.*

(H. 0,27. L. 0,21 1/2).

PRIEUR

121. **Décoration pour salle de bains.**

Plume et lavis rehaussé d'aquarelle.

(H. 0,26. L. 0,40).

RANSON

122. **Frise avec attributs de Mercure. Deux culs-de-lampe. Trois dessins.**

Plume et lavis.

ROBERT (Hubert)

123. **Le Puits.**

Beau dessin à la sanguine. Signé : *Annibale Roberti 1758.*

(H. 0,31. L. 0,21).

ROBERT (Hubert)

124. **Le Mandoliniste.**

Pierre noire.

(H. 0.14 1/2. L. 0.21 1/2).

ROBERT (Hubert)

125. **Groupe de personnages couchés.**

Plume et lavis de sépia.

(H. 0,10. L. 0,18).

ROBERT (Hubert)

126. **Ruines.**

Plume et lavis de bistre. " Collection Besmont ".

(H. 0,20. L. 0,33).

ROBERT (Hubert)

127. **Ruines.**

Plume et Sépia.

(H. 0,20. L. 0,30).

RŒTTIERS FILS (C. N.)

128. **Omnibus uni Minerve 1755. Avec vue du Pont-Neuf et Notre-Dame de Paris dans le fond.**

Sanguine, signée.
Montage ancien.

(Diam. 0,23).

RŒTTIERS FILS (C. N.)

129. **Sub omni sidere crescunt. Col. Franc. de l'an. 1751.**

Sanguine.
Montage ancien.

(Diam. 0,20).

SAINT-MARCEL

130. **Lionne couchée.**

Plume et lavis, signé des initiales.

(H. 0,12. L. 0,19).

SCHOUMAN (A.)

131. **Groupe d'Amours.**

Lavis rehaussé de gouache, signé.

(H. 0,13. L. 0,25).

TARAVAL (J. G.)

132. **Portrait en pied de Lesueur, peintre.**

Crayon noir rehaussé de blanc sur papier gris, signé : *J. G. Taraval, pensionn. à Rome fecit 83.*

(H. 0,53. L. 0,35).

TINTORET (attribué au)

133. **Une Circoncision.**

Plume et lavis.
Collection Flury-Hérard (n° 680).

(H. 0,10. L. 0,18).

TRINQUESSE (Louis)

134. **Femme assise et brodant.**

Crayon noir rehaussé, sur papier bleu.

(H. 0 24. L. 0,18).

TRINQUESSE (Louis)

135. **Jeune femme étendue sur un canapé.**

Pierre noire.

(H. 0,28 1/2. L. 0,28).

VAN HUYSUM

136. **Fleurs et fruits.**

Belle composition à la plume lavée d'aquarelle, signée.

(H. 0,40. L. 0 31).

VAN-LOO (Carle)

137. **Portrait d'homme, coiffé d'un bonnet de fourrure.**

Crayon noir rehaussé de blanc, signé.

(H. 0.46. L. 0.37).

VERNET (Joseph)

138. **Paysage accidenté, animé de figures.**

Plume et lavis d'encre de chine, signé *à dr. J. Vernet, m. 1779.*

(H. 0.34. L. 0.50).

VERNET (Joseph)

139. **Paysage du midi avec fond montagneux.**

Plume et lavis d'encre de chine, signé.

(H. 0.31. L. 0.82).

VERNET (Joseph)

140. **Paysage du midi avec palais et pont sur une rivière.**

Plume et lavis d'encre de chine, signé.

(H. 0.33. L. 0.83).

VERNET (Joseph)

141. **Paysage du midi, avec cours d'eau et animé de figures.**

Plume et lavis d'encre de chine, signé.

(H. 0.34. L. 0.95).

VERNET (Carle)

142. **Chef de Mameluck à cheval. — Au verso : femme tenant un cheval par la bride.**

Plume et lavis.

(H. 0.35. L. 0.24 1/2).

VINCENT (Fr. André)

143. **Portrait de femme représentée assise dans un parc et écrivant des lettres sur un arbre.**

Crayon noir rehaussé de blanc, sur papier bleu.

(H. 0 26 1/2. L. 0.21).

VINCENT (Fr. André)

144. **Portrait d'homme, profil à gauche et portant un carnier.**

Crayon noir rehaussé de pastel.

(Diam. 0.24 1/2).

VINCENT (Fr. André)

145. **Portrait de jeune garçon, tête forte comme nature.**

Crayon noir et estompe, rehaussé de blanc et de sanguine, sur papier gris.

(H. 0.46. L. 0.39).

VOS (Martin de)

146. **Scène de la peste, ensevelissement des morts.**

Sujet entouré d'attributs de fleurs et d'instruments aratoires.

Plume.

(H. 0.16 1/2. L. 0.20).

www.ingramcontent.com/pod-product-compliance
Ingram Content Group UK Ltd.
Pitfield, Milton Keynes, MK11 3LW, UK
UKHW021532260726
13993UKWH00004B/1940